등장 인물

승민

호기심쟁이 승민이는 무엇이든 혼자 연구해 보려고 해요. 포기하지 않고 머리를 짜내다 보면, 아주 어려운 문제도 해답을 발견하게 되지요. 묻지마랑 닮은 승민이는 묻지마가 2006년에 환생한 것이라는 소문도 있어요.

묻지마

아주 아주 오랜 옛날에 지구에서 처음으로 '수학찾기' 놀이를 했던 원시인 꼬마예요. 아빠에게 너무 많은 질문을 해서 '묻지마'라는 이름이 생겼어요.

민아

콩잡을 싫어하는 민아는 하마터면 다리 밑에서 주워 온 아이가 될 뻔했어요. 수학이 아니었다면 말이에요.

콩쥐

새엄마에게 구박을 받던 콩쥐가 행복해졌어요. 수학 공부를 열심히 했던 것이 얼마나 다행인지 몰라요. 산신령 검은 소는 콩쥐를 도와주러 왔다가 허리가 휘도록 밭을 갈고 갔대요.

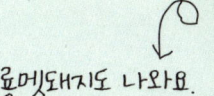 

공룡멧돼지를 단번에 때려 잡을 듯
무시무시한(?) 아빠 주먹.

공룡 사냥에서 수학 찾기

1판 1쇄 발행|2014년 4월 15일
1판 6쇄 발행|2021년 2월 17일

지은이|이주항
그린이|이주희
펴낸곳|좋은꿈
펴낸이|이상배
디자인|김수연

등록|제396-2005-000060
주소|경기도 고양시 일산동구 장백로 26. 103동 508호
     (백석동. 동문굿모닝힐 1차) (우)10449
전화|031-903-7684 팩스|031-813-7683
전자우편|leebook77@hanmail.net

ⓒ 이주항, 이주희, 좋은꿈 2014

ISBN 979-11-950231-8-9 63410

- 책값은 뒤표지에 있습니다.
- 저작인과의 협약에 따라 검인지는 붙이지 않습니다.
- 잘못 만들어진 책은 구입한 서점에서 바꾸어 드립니다.
- 이 책 내용의 일부 또는 전체를 인용하거나 다시 쓰려면
  반드시 출판사와 저작인의 허락을 얻어야 합니다.

어린이제품안전특별법에 의한 제품 표시
제조자명 좋은꿈 | **제조년월** 2021년 2월 | **제조국** 대한민국 | **사용연령** 8세 이상

공룡 사냥에서 수학 찾기

이주항 글 | 이주희 그림

좋은꿈

세상에 가득한 수학 찾기 여행…

이런 생각을 해 본 적이 있나요?

"어휴, 어려운 수학을 왜 배우는 걸까?"

상상쟁이 아저씨도 수학을 싫어했어요. 수학을 잘한다고 더 멋진 사람이 될 것 같지는 않았기 때문이에요. 그런데 자세히 보니 우리 세상이 수학으로 가득 차 있는 것을 알게 되었어요. 교과서 속에만 있는 줄 알았던 수학이 세상 곳곳에 무수히 숨어 있었어요.

달콤한 아침잠을 깨우는 엄마의 목소리에도 수학이 있어요.

"어서 일어나. 여덟 시 삼십 분까지 학교에 가려면 지금 일어나야 해."

집에서 학교까지 15분이 걸려요. 그럼 몇 시에 출발해야 될까? 아침을 먹고, 세수 하고, 옷 입고 하려면 40분이 필요해요. 지금이 몇 시지? 5분만 더 자면 안 될까.

학교에 가기 위해 자동차를 탔어요. 자동차는 어떻게 움직일까? 전교생이 다 들어가도 학교 건물은 무너지지 않아요. 어떻게 학교를 튼튼하게 지었을까? 바로 수학의 비밀이에요.

　엄마와 함께 슈퍼마켓에 갔어요. 여러 모양의 물건들이 가득하네요. 아, 여기야 말로 수학들이 넘치고 있군요.

　이렇게 곳곳에 숨어 있는 수학들. 그것을 여러분의 눈으로 찾아보세요. 어떤 학자들은 머리가 하얗게 될 때까지 '수학찾기'를 했지만 다 찾아내지 못했다고 해요.

　엄마들이 '스토리텔링 수학' 이야기 하는 것을 들은 적이 있을 거예요. 스토리텔링? 어려운 것이 아니에요. 세상 속에 숨어 있는 수학을 찾아내는 것이 바로 스토리텔링 수학이에요. '수학찾기' 놀이를 하다 보면, 교과서 속 수학들과 금방 친해질 수 있을 거예요.

　자, 이제 숨은 수학을 찾아 떠나 볼까요!

상상쟁이 이주항

차 례

책머리에 …………………………………… 8

생일 케이크에서 수학찾기 …………… 12
　　숨은 수학 찾기 ………………… 22
　　내 손으로 수학 찾기 …………… 31

꿀밤에서 수학찾기 …………………… 32
　　숨은 수학 찾기 ………………… 44
　　내 손으로 수학 찾기 …………… 49

아빠 얼굴에서 수학찾기 ········· 50
　숨은 수학 찾기 ················· 60
　내 손으로 수학 찾기 ············ 66

공룡 사냥에서 수학찾기 ········· 68
　숨은 수학 찾기 ················· 80
　내 손으로 수학 찾기 ············ 84

공주네 집에서 수학찾기 ········· 86
　숨은 수학 찾기 ················· 100
　내 손으로 수학 찾기 ············ 106

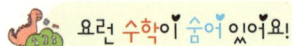

요런 수학이 숨어 있어요!

1부터 9까지의 수
50까지의 수
100까지의 수

생일 케이크에서 수학 찾기

오늘은 아빠의 생일입니다.

승민이는 아빠가 퇴근하기만을 기다렸습니다. '아빠 생일 축하 작전'을 짜 놓았기 때문입니다.

"집에 아무도 없는 것처럼 불을 모두 꺼 놓고 있다가, 아빠가 현관에 들어오는 순간 내가 촛불을 켠 생일 케이크를 들고 생일 축하 노래를 부를 거예요. 엄마는 내 노래가 끝나면 폭죽을 터뜨려 주세요."

"그래, 알았어. 아빠가 승민이의 깜짝 선물을 받고 무척 기뻐하실걸."

승민이는 기뻐하는 아빠의 모습을 상상하며 뿌듯한 표정을 지었습니다.

"승민아, 아빠가 거의 다 오셨대. 얼른 준비하자."

아빠의 전화를 받고 엄마가 말했습니다.

"네, 알았어요."

승민이는 바쁘게 주방으로 달려갔습니다.

"제가 케이크를 준비할게요."

케이크 상자를 연 승민이는 초를 꺼내어 꽂기 시작했습니다.

"한 개, 두 개, 세 개……."

그러다 고개를 갸웃하였습니다.

"이상하다. 아빠는 서른 일곱 살이라고 했는데, 왜 초가 열 개뿐이지?"

다시 세어 보아도

초는 분명히 열 개밖에 없었습니다. 승민이는 케이크 상자 안을 살펴보고, 초가 들어 있던 봉투도 들여다보았습니다.

"어? 제과점 아줌마가 우리 아빠 나이를 잘못 들었나 봐."

승민이가 울상을 지었습니다.

"어떡하지? 조금 있으면 아빠가 오실 텐데, 제과점에 갔다 올 시간이 없잖아."

그때 머릿속에 좋은 생각이 떠올랐습니다.

"그래. 초를 서른일곱 개로 만들면 되지."

승민이는 손가락을 탁 튕기며 초를 식탁 위에 놓고 셈을 하기 시작했습니다.

"열 개의 초를 부러뜨려서 서른일곱 개로 만들려면……."

계산하기가 쉽지 않았습니다.

"음, 초를 모두 두 개로 쪼개면? 그럼 훨씬 많아질 거야."

승민이는 다른 것보다 길어 보이는 초 세 개를 부러

뜨렸습니다.

"이제 모두 몇 개인지 세어 볼까. 한 개, 두 개, 세 개……."

그때 엄마가 왔습니다.

"승민아, 아직 케이크 준비가 안 됐……."

엄마는 부러뜨린 초를 발견하고는 깜짝 놀랐습니다.
"너 뭐 하는 거니?"
"엄마, 제과점 아줌마가 큰 실수를 했어요. 아빠 나이가 서른일곱 살이라고 말했잖아요. 그런데 초를 열 개밖에 안 넣어 줬어요. 하지만 너무 걱정 마세요. 제가 초를 잘라서 서른일곱 개로 만드는 중이니까요."
승민이는 어깨를 으쓱거리며 설명했습니다.
엄마는 잠시 동안 말을 못 하다가 큰 소리로 웃었습니다.
"호호호. 초를 잘라서 서른일곱 개로 만들면 아마도 초가 네 엄지손가락보다 짧아질걸."
엄마 말을 듣고 보니 다시 걱정이 되었습니다.
"승민아, 혹시 다른 것보다 긴 초가 들어 있지 않았니?"
엄마는 승민이가 펼쳐 놓은 초를 보며 말했습니다.
"네, 제가 방금 긴 초 세 개를 잘랐어요."
승민이는 잘라 놓은 초를 가리켰습니다.

"그 긴 초는 짧은 초랑 달라. 짧은 초는 한 살을 뜻하지만, 긴 초는 열 살을 뜻해."

"어떻게 초 한 개가 열 살이에요?"

"수 11에는 똑같은 숫자 1이 두 개가 있지만, 앞의 1은 10을 뜻하고, 뒤의 1은 그대로 1이잖니?"

"그렇지요."

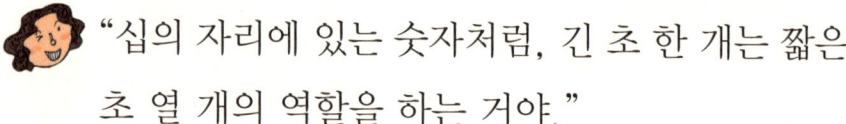"십의 자리에 있는 숫자처럼, 긴 초 한 개는 짧은 초 열 개의 역할을 하는 거야."

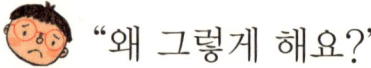"왜 그렇게 해요?"

"수 11을 나타내려고 1을 열한 번 써야 한다면 얼마나 힘들겠어. 그래서 십의 자리에 숫자를 써 넣어서 간단하게 표시하는 거야. 긴 초 한 개를 짧은 초 열 개로 치는 것이지."

엄마의 설명에 승민이는 고개를 갸웃하였습니다.

"숫자는 1부터 9까지 있지만 초는 똑같은 모양이잖아요. 아빠 나이는 37살인데 3자 모양의 초는 없었는데."

"그래서 긴 초가 세 개 들어 있었던 거야. 열 살을 뜻하는 긴 초가 세 개면 서른 살이 되고, 짧은 초 일곱 개를 더 꽂아서 37세를 표시하는 거란다."

승민이가 고개를 끄덕였습니다.

"그럼 50세에는 긴 초를 다섯 개 꽂으면 되겠네요."

"그렇지."

"그럼 백 살에는 어떻게 해요. 아주 긴 초를 꽂나요?"

승민이의 물음에 엄마도 고개를 갸우뚱했습니다.

"음, 엄마도 백 살짜리 초를 한 번도 못 봤네. 네 말대로

더 길게 만들면 되지 않을까?"

승민이와 엄마가 마주보고 생각을 하고 있을 때였습니다.

"왁!"

갑자기 등 뒤에서 고함 소리가 나며 누군가 승민이와 엄마를 와락 감쌌습니다.

"으악, 깜짝이야!"

승민이와 엄마는 화들짝 놀랐습니다.

어느 틈에 아빠가 들어와서 장난을 친 것이었습니다.

"무얼 그렇게 열심히 의논하고 있어? 이건 내 생일 케이크구나."

"아, 아빠, 안 돼요!"

승민이는 아빠의 손을 잡아끌며 현관 쪽으로 갔습니다.

"승민아, 왜 그래?"

아빠는 승민이에게 끌려가며 물었습니다.

"아직 아빠가 오시면 안 돼요. 제가 세운 '생일 축하 작전'이 실패한단 말이에요. 다시 나가셨다가, 십 분

후에 들어오세요."
"무슨 작전인데……."
아빠가 뭐라 말을 하려 했지만, 승민이는 아빠를 온 몸으로 밀어냈습니다.

문 밖으로 쫓겨난 아빠는 '승민이의 작전이 뭘까?' 생각하며 십 분을 기다려야 했습니다.

1. 우리에게 숫자가 없다면?

수를 표시하는 훌륭한 발명품 숫자

아주 먼 옛날 사람들은 우리가 쓰는 1, 2, 3과 같은 모양의 숫자를 몰랐어요. 그래서 아주 복잡한 기호들로 수를 표시했지요. 오랜 시간에 걸쳐 오늘날과 같은 숫자가 발명되었고, 그 덕분에 수를 간단히 표시할 수 있게 되었어요.

옛날 사람들이 수를 표시하던 기호

숫자는 수학 교과서 안에만 있는 것이 아니에요. 우리의 생활 속에는 숫자를 이용해서 표시하는 것들이 아주 많답니다. 어떤 것들이 있는지 찾아볼까요?

 ### 우리 집 주소에 숫자가 없다면?

숫자가 없다면 우리 집 주소를 어떻게 써야 할까요?
집 주소를 숫자를 쓰지 않고 나타내어 보세요.

우리 집은요, '서울시 행복동, 키다리빌딩 옆의 옆의 옆의 골목길에서 오른쪽으로 쳐다보았을 때 보이는 아파트, 장미꽃이 그려진 동, 엘리베이터 빨간색 버튼을 누르고 올라와서 내리면 왼쪽에 있는 집'입니다.

너무 어렵겠지요. 집배원 아저씨는 주소를 읽느라고 눈이 빠질지도 몰라요.
숫자를 이용해서 나타내는 것들은 셀 수 없이 많아요.

나의 하루를 가만히 생각해 보면 깜짝 놀랄 거예요. 숫자랑 헤어져 있는 시간은 별로 없거든요.

아침에 일어날 때 엄마가 뭐라고 말하나요?

승민아, 벌써 일곱 시야. 어서 일어나.

만약 숫자가 없다면?

승민아, 벌써 해가 떴어. 햇빛이 네 책상을 지나서 장난감 상자 손잡이까지 비추고 있고, 시곗바늘은 맨 아래에서 반 뼘만큼 왼쪽을 가리키고 있어. 어서 일어나.

학교에 갈 때에는 무얼 타고 가나요?

버스 탈 때 8번 버스인지 꼭 확인하고 타야 한다.

숫자가 없었으면?

아빠가 태워다 주면 괜찮을까요?
주차장에 갔더니 똑같이 생긴 차가 수도 없이 많아요.

학교에 도착해서 제일 먼저 만나는 숫자는 어떤 것일까요? 우리 생활에서 숫자가 쓰이는 또 다른 예를 찾아 보고, 숫자가 없다면 어떤 일이 벌어질지 상상해서 적어 보세요.

 축구 선수의 옷에 숫자가 없다면?

"대한민국 선수가 골문을 향해 돌진하고 있습니다."
"와, 와!"
"어떤 선수인가요? 손승민 선수 같은데요."
"아, 아닙니다. 머리 모양으로 보아서 이강한 선수 아닌가요?"
"너무 멀어서 얼굴이 보이지 않네요. 조한우 선수 아닐까요?"
"이보세요, 골키퍼가 저렇게 멀리 나옵니까?"
"그럼 누구죠?"
"말씀드리는 순간, 슛, 골인입니다! 누군지 모르겠지만 일단 골인, 골인입니다!"

 또 어떤 일이 벌어질까요?
상상해서 써 보세요.

2. 10, 100이 없다면?

십의 자리의 수, 백의 자리의 수를 나타낼 줄 모르면 어떤 일이 벌어질까요?

재미있는 동화책을 폈더니 책장마다 무엇인가가 빽빽하게 적혀 있어요. 자세히 들여다보았더니 쪽 수를 나타내는 숫자였어요.

9쪽 다음에는 '1111111111'이라고 적혀 있어요. 뒤로 넘겨 보니, '111111111111111111111111111111'이라는 쪽도 있네요.

맨 뒷장을 보았더니……, 앗!

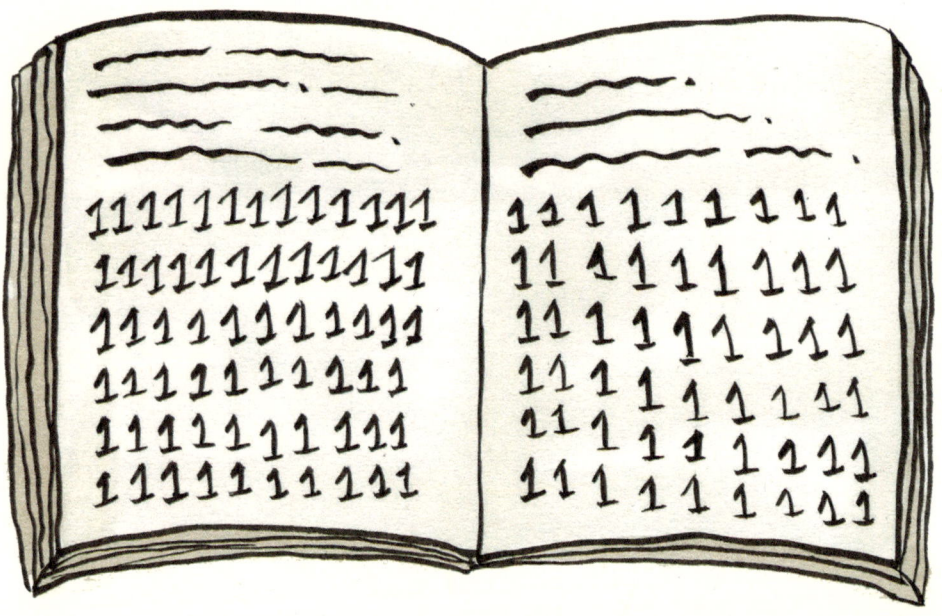

이런 불편을 해결하기 위해, 기막힌 발명을 해내었어요.
10을 나타내려고 1을 열 번 쓸 필요가 없이, 십의 자리의 수에 1을 쓰고 그 옆에 0을 붙이는 것이지요. 자릿수를 이용하면 아무리 큰 수라도 편리하게 나타낼 수 있어요.

작은 초 열 개를 긴 초 한 개로 표시하는 방법을 몰랐다면 어떻게 되었을까요?

우리 할머니의 70세 생일 케이크는 아마 먹지도 못할 거예요. 케이크 위가 온통 촛농으로 뒤덮였을 테니까요.

긴 초 한 개가 짧은 초 열 개를 나타내는 것처럼, 10은 1이 열 개 모여 있다는 것을 뜻하지요. 100은 1이 백 개 모였다는 것을 뜻하고요.

200을 나타내려면, 백의 자리의 수만 2로 바꿔 주면 돼요. 너무 쉽다고요?

먼 옛날 사람들은 이런 방법을 몰랐어요. 0이라는 숫자가 없었던 시대에는 10을 표시하는 것도 복잡한 일이었답니다.

1. 백과사전이나 인터넷을 이용해서 우리가 지금 사용하고 있는 숫자가 없던 시대에는 어떻게 수를 표시했는지 조사해 보세요.

2. 수를 표시하는 기호를 발명해 보세요. 나만의 숫자로 수를 표시한다면 아무도 모르는 암호를 만들 수도 있을 거예요. 내가 발명한 기호가 우리가 쓰고 있는 숫자보다 더 간단하고 편리하다면 세상에서 가장 똑똑한 수학자로 이름을 날리게 될 거예요.

 다음 이야기에서는 수를 셀 줄 몰랐던 원시 시대로 가 볼 거예요.

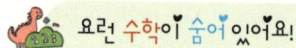
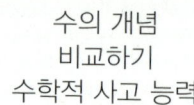

수의 개념
비교하기
수학적 사고 능력

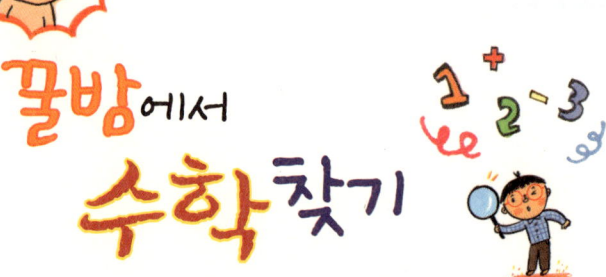

    아주 먼 옛날, 원시인 가족이 있었습니다. 원시인 가족들은 가축을 기르고, 사냥을 하고, 곡식을 기르며 동굴에서 살았습니다. 할 일이 많았기 때문에 가족도 무척 많았습니다.

    아빠 원시인, 엄마 원시인, 친할아버지 원시인, 친할머니 원시인, 외할아버지 원시인, 외할머니 원시인, 그리고 큰형 원시인, 둘째 형 원시인, 셋째 누나 원시인, 넷째 형 원시인, 그 아래 누나 원시인, 그 아래 형 원시인, 그 아래 작은 원시인,……. '묻지마'는 그중 막내 원시인입니다. 묻지마는 호기심 대장이었습니다.

 "아빠, 왜 낮에는 하늘이 하얗고 밤에는 까매져요?"

 "묻지 마."

 "아빠, 왜 흙은 손에 잡히는데 물은 안 잡혀요?"

 "묻지 마."

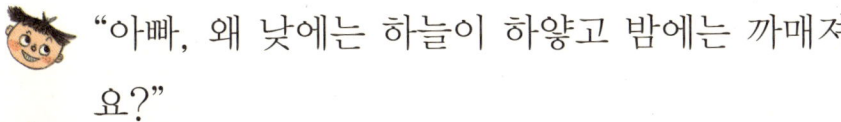 "아빠, 왜 숨을 멈추고 있으면 눈이 튀어나오려고 해요?"

"묻지 마, 묻지 마, 묻지 말라고. 아빠도 몰라. 너는 이제부터 '묻지마'야, 알겠니?"

묻지마는 세상 모든 것이 궁금했습니다. 달처럼 생긴 바위 위에 앉아 하루 종일 나무와 벌레를 관찰하고 온갖 상상을 하며 지냈습니다.

원시인 가족의 하루는 아빠 원시인의 고함 소리로 시작되었습니다.

"오늘도 하늘이 하얘졌다. 다들 잠에서 깨어나도록!"

묻지마는 아침에 일어날 때와 저녁에 잠잘 때를 가장 싫어합니다. 왜냐하면 가족 모두가 무사히 모여 있는지 확인하는 아빠의 '꿀밤' 때문입니다.

"지금부터 우리 가족이 모두 있는지 확인할 테니 줄을 서라."

아빠 원시인의 말에 친할아버지 원시인부터 막내 묻지마까지 일렬로 줄을 섰습니다. 아빠 원시인은 친할아버지 원시인의 이마에 엄지손가락으로 '쿵' 하고 꿀밤을 때렸습니다. 할아버지 원시인의 이마에는 금방 큼지막한 혹이 솟아올랐습니다. 다음으로 친할머니 원시인의 이마에 검지손가락으로 '쿵' 하고 꿀밤을 때렸습니다. 할머니 원시인의 이마에도 감자 같은 혹이 솟았습니다. 다음으로 외할아버지, 외할머니, 엄마, 그리고 큰형 원시인이 차례대로 꿀밤을 맞고 이마에 혹을 달았습니다.

아빠 원시인은 가족 한 명 한 명에게 각각 다른 손가락으로 꿀밤을 놓았습니다. 손가락을 다 쓰자 발가락까지 이용해서 꿀밤을 놓았습니다.
"자, 막내 차례다."

아빠는 막내 묻지마의 이마에 박치기를 했습니다. 묻지마의 눈앞에 별이 번쩍 하더니 이마에 머리보다 큰 혹이 생겼습니다.

"좋아. 막내에게 꿀밤을 놓을 때 박치기로 끝났으니, 우리 가족은 다 있구나. 이제 아침을 먹자."

가족들은 이마에 커다란 혹을 달고 아침을 먹기 위해 둘러앉았습니다.

"여보, 매일 아침 이렇게 꿀밤을 맞으니 머리가 점점 나빠지는 것 같아요."

엄마 원시인이 조심스레 말을 꺼냈습니다.

"그래, 아범아. 이 엄마는 너한테 꿀밤 맞다가 기절해서 죽을지도 모르겠구나."

할머니 원시인이 거들었습니다.

"맞아요, 아빠. 조금 살살 때리면 안 되나요?"

큰형 원시인이 말했습니다.

"어허! 이게 가장 좋은 방법이라고 내가 몇 번을 말했어. 살살 때리면 혹이 생기질 않아. 혹이 생기지 않으면 누가 맞은 사람인지 알 수가 없다고."

아빠 원시인이 우렁찬 소리로 말했습니다.
"그럼 조금만 덜 아프게 새끼손가락으로 때려 주시면 안 되나요. 저는 왜 맨날 박치기인가요. 머리가 쪼개질 것 같아요."
묻지마가 눈물을 글썽이며 말했습니다.
"오른손 엄지손가락부터 차례로 꿀밤을 때려서 발가락까지 모두 사용하고, 마지막으로 박치기로 끝나면 우리 가족 모두가 있는 거야. 만약 막내 차례가 되었는데 박치기가 아니고 발가락으로 때려야 한다면, 그건 우리 가족 중에 누군가가 없다는 뜻이지. 이건 내가 개발한 정말 똑똑한 방법이야."
아빠 원시인이 힘주어 말했습니다.
"아빠, 그래도 막내인 저한테 가장 강력한 박치기는 너무해요. 큰형에게 박치기를 하는 건 어떨까요?"
묻지마가 말하자 큰형이 벌떡 일어났습니다.
"뭐라고! 너는 아빠의 손가락이 얼마나 센지 몰라서 그래. 게다가 나는 사냥을 하러 가기 때문에 그렇게 큰 혹을 달고는 뛰지도 못한다고."

형제의 싸움에 아빠 원시인이 눈을 부릅뜨고 소리를 질렀습니다.

아빠 원시인이 개발한 정말 똑똑한 방법

"이 녀석들! 감히 내 앞에서 싸우다니. 너희들에게 오늘 하루 종일 매머드 뼈에 묶어 놓는 벌을 줄 테다."

이렇게 해서 큰형과 묻지마는 동굴 앞 매머드 뼈에 꽁꽁 묶인 채 하루를 보내게 되었습니다.

점심때가 지나자 배에서 꼬르륵 소리가 났습니다.

"형, 배고프지? 미안해."

"형은 튼튼해서 괜찮아. 어린 네가 걱정이다."

"형, 우리가 묶여 있는 이 매머드 뼈에 고기가 붙어 있으면 좋겠다."

"그러게 말이야. 매머드 고기는 정말 맛있는데……."

묻지마는 매머드의 갈비뼈를 만져 보며 입맛을 다셨습니다.

"형, 갈비뼈는 참 신기하다. 양쪽이 똑같은 모양으로 마주 보고 있네."

그때, 묻지마의 눈이 반짝 빛났습니다.

"형, 나에게 아주 좋은 생각이 떠올랐어. 꿀밤을 맞지 않고도 가족이 다 있는지 확인할 수 있는 방법이 있어."

"그래, 그게 뭔데?"

한참 후, 일을 하러 나갔던 가족들이 돌아왔습니다. 가족 확인을 할 시간입니다.

"아빠, 저에게 좋은 생각이 있어요. 가족들에게 힘들게 꿀밤을 때리지 않고도 가족이 다 모였는지 확인할 수 있는 방법이요."

묻지마가 아빠의 눈치를 살피며 입을 열었습니다.

"또 그 이야기냐? 내일도 매머드 뼈에 묶여 있고 싶어."

아빠가 무서운 표정을 지으며 대답했습니다.

"아빠, 묻지마의 이야기를 한 번만 들어 보세요. 아주 기발한 방법이었어요."

큰형 원시인이 묻지마의 편을 들었습니다.

"좋아. 장남의 부탁이니 한번 들어 보지. 만약 내가 쓰는 방법보다 좋지 않다면 내일은 거꾸로 묶어 놓을 테다."

묻지마는 생각해 낸 방법을 설명하기 시작했습니다.

"우리 가족 모두가 매머드의 갈비뼈를 잘라서 자기 목걸이를 만들어요."

"그리고 동굴 안에는 자기 목걸이를 놓아두는 작은 구덩이를 파요."

"동굴에 돌아오면 자기 구덩이에 목걸이를 넣어 둬요."

"매일 아침에 일어나면 목걸이를 각자의 목에 걸어요.

아침에는 동굴 안 구덩이가 모두 비어 있으면 모든 가족이 있는 것이고, 저녁에는 모든 구덩이에 목걸이가 있으면 모든 가족이 돌아온 것이죠."

"그것 참 좋은 생각이네. 이제 꿀밤을 안 맞아도 되겠어."

할아버지, 할머니가 손뼉을 치며 웃었습니다. 다른 가족들도 모두 찬성이었습니다.

그런데 한 사람, 아빠 원시인만은 인상을 잔뜩 찌푸리고 한동안 묵묵히 있었습니다. 그러다가 갑자기 벌떡 일어나며 소리쳤습니다.

"그게 뭐야. 뭐가 그리 복잡해. 나는 도무지 무슨 말인지 알아들을 수가 없어. 우리 가족은 앞으로도 쭉, 지금까지 해 오던 대로 할 거야."

아빠 원시인은 쿵쾅쿵쾅 동굴 밖으로 나가 버렸습니다.

1. 원시인 가족을 도울 방법

묻지마네 가족은 왜 아침, 저녁으로 꿀밤을 맞아야 했을까요?

묻지마의 아빠가 가족들이 다 모였는지 확인하는 방법을 설명해 보세요.

묻지마는 꿀밤을 맞지 않고도 가족들이 모두 있는지 확인하는 방법을 생각해 내었어요.

묻지마가 생각해 낸 방법을 설명해 보세요.

묻지마는 매머드의 갈비뼈를 쳐다보다가 좋은 방법을 떠올렸어요.

매머드의 갈비뼈와 묻지마의 아이디어는 어떤 점에서 비슷한가요?

묻지마가 생각해 낸 방법보다 더 편하고 간단한 방법은 없을까요?

여러분이 더 좋은 방법을 생각해 내어 묻지마에게 가르쳐 주세요.

2. 수를 셀 줄 모르면

　먼 옛날에 살았던 원시인들은 둘 이상의 수를 셀 줄 몰랐다고 해요.
　하나, 둘……, 그 이상은 많은 것으로 여겼다고 해요. 셋도 많은 것, 넷도 많은 것, 다섯도 많은 것.

　그럼 다섯과 여섯 중에 어느 쪽이 더 많은지 어떻게 비교했을까요?

　만약 우리가 지금도 수를 셀 줄 모른다면 어떤 일들이 벌어질까요?
　학교에 가면 아침마다 선생님에게 꿀밤을 맞아야 할지도 몰라요.

꿍, 꿍.

"아얏!", "아얏!"

"친구들 모두 왔군요. 그럼 수업을 시작할게요."

농장에서 오리가 도망을 쳐도 농장 주인아저씨는 눈치 채지 못할 거예요.

꾀돌이 오리 형제가
도망을 쳐도,

한 마리, 두 마리, 음, 많군.

말썽꾸러기 오리 남매가
도망을 쳐도,

한 마리, 두 마리, 음, 많군.

오리가 모두 도망을 치고
세 마리만 남아도,

한 마리, 두 마리, 많군.
그런데 왜 이리 허전해 보이지?

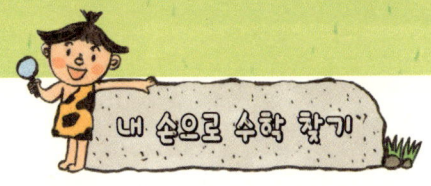

내 손으로 수학 찾기

수를 셀 줄 모르면 또 어떤 일이 벌어질까요? 재미있는 상상을 해 보세요.

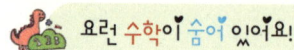

여러 가지 모양
도형

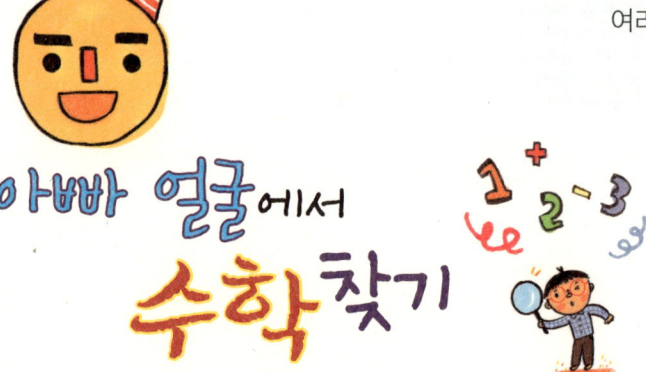

"민아야, 밥 먹자. 어서 와."

즐거운 저녁식사 시간. 엄마가 무슨 반찬을 했을까? 민아는 콧노래를 부르며 식탁으로 달려갔습니다.

그런데 민아는 곧 울상이 되었습니다.

"엄마, 내 반찬은요?"

"네 반찬?"

"네. 내가 좋아하는 반찬이요."

민아의 말에 엄마의 표정이 무서워졌습니다.

"너 또 반찬 투정을 하니? 혼날래."

엄마의 불호령이 떨어졌습니다.

"민아야, 엄마가 맛있는 콩자반을 했네. 밥 퍼 봐, 아빠가 콩자반 놓아 줄게."

아빠가 민아를 향해 눈을 찡긋하며 말했습니다.

"싫어요. 내가 제일 싫어하는 게 콩인데."

"그럼, 순두부찌개에 비벼 줄까. 와, 맛있겠다!"

아빠가 다시 한 번 민아를 달래었습니다.

"싫어요. 두부도 콩으로 만든 거잖아."

민아를 지켜보던 엄마의 눈꼬리가 점점 더 올라갔습니다.

"너, 반찬 투정할 거면 밥 먹지 마. 밥 대신 회초리 맞아야겠다."

엄마가 민아의 수저를 치우려고 했습니다.

"여보, 잠깐만, 민아가 곧 밥을 먹을 거예요."

아빠가 엄마를 말렸습니다.

"나는 햄 먹고 싶단 말예요. 아빠가 콩을 좋아하니까 맨날 콩 반찬만 해 주잖아. 아빠 미워."

민아는 아빠 탓을 하며 울먹였습니다.

"그래. 아빠는 콩을 무척 좋아하는데, 너는 왜 안 좋아하는 줄 아니?"

엄마가 갑자기 조용한 목소리로 물었습니다.

"왜 그런데요?"

"그건 너를 저기 먼 곳 다리 밑에서 주워 왔기 때문이야."

"엄마, 그게 무슨 소리예요?"

민아는 깜짝 놀라 물었습니다.

"네가 엄마 말을 안 듣고 반찬 투정을 하는 것도, 네 진짜 아빠를 닮아서 그런 거야."

민아는 엄마 얼굴을 살폈습니다. 엄마는 굳은 표정으로 말을 이었습니다.

"네 진짜 아빠는 매일매일 게으름만 부리고, 햄이랑 짜장면만 좋아해서 살이 뒤룩뒤룩 쪘지. 게다가 콩이랑 야채는 싫어해서 몸도 아주 허약하단다. 그래서 우리가 널 데려온 거야."

엄마의 말에 민아는 으앙 울음을 터뜨렸습니다.

"아니야, 엄마 거짓말쟁이. 아빠가 우리 아빠야."

민아의 눈에서 닭똥 같은 눈물이 뚝뚝 떨어졌습니다.

"아빠, 거짓말이지? 엄마가 하는 말 거짓말이지."

그런데 어찌 된 일인지 아빠도 대답이 없었습니다.

"잘 생각해 봐. 아빠가 반찬 투정하시는 걸 본 적 있니? 네가 아빠 딸이면 반찬 투정을 할 리가 없잖아."

민아의 울음소리가 더 커졌습니다.

"아니야. 아줌마들이 나를 보고 아빠 닮았다고 하는데, 내가 왜 주워 온 애야."

민아는 눈물 콧물을 흘리며 소리쳤습니다.

"그래? 엄마가 보기엔 아빠랑 하나도 안 닮았다."

엄마는 끝까지 약을 올렸습니다. 민아는 눈물을 닦으며 아빠를 쳐다보았습니다. 그러고 보니 아빠랑 정말 닮았는지 아리송했습니다.

민아는 안방으로 달려가 엄마가 쓰는 화장 거울을 가지고 왔습니다.

"아빠, 내 옆으로 와 봐요."

민아는 아빠 손을 이끌고 함께 거울을 보았습니다.

"눈 좀 봐. 아빠랑 나랑 똑같이 생겼는데?"

민아가 거울 속의 눈을 가리키며 말했습니다.

"어디, 아빠 눈은 반달모양이고, 네 눈은 초승달모양이잖아."

엄마가 고개를 저으며 대답했습니다.

"아빠 코랑 내 코랑 똑같은걸?"
민아가 거울 속의 코를 가리키며 말했습니다.
"어디, 아빠 코는 넓적한 삼각형 모양이고, 네 코는 길쭉한 삼각형 모양이잖아."

"아빠 입술이랑 내 입술이랑 똑같이 생겼는걸?"
민아가 거울 속의 입을 가리키며 말했습니다.
"어디, 아빠 입술은 럭비공처럼 생겼고, 네 입술은 마름모꼴이잖아."

"아빠 귀랑 내 귀는 정말 똑같이 생겼는걸?"
민아가 거울 속의 귀를 가리키며 말했습니다.
"아닌데. 아빠 귀는 3자처럼 생겼는데, 네 귀는 원처럼 동그랗잖아."

"이것 봐. 아빠 머리 모양이랑 내 머리 모양이랑 똑같잖아."
민아가 아빠의 이마와 자기 머리를 번갈아 만지며 말했습니다.
"아니, 아빠의 두상은 축구공처럼 생겼고, 네 두상은 계란처럼 생겼잖아."
엄마가 고개를 저으며 말했습니다.
민아는 잔뜩 약이 올랐습니다.

"엄마! 닮았다는 건 똑같은 건 아니잖아요. 아빠 코는 세모이고, 내 코는 네모라야 안 닮은 거지."

"그럼 세상 사람이 다 닮은 거네. 세상에 코가 네모인 사람이 어디 있니?"

엄마가 태연스레 대답했습니다.

"거울을 좀 보세요. 아빠랑 나랑 똑같이 생겼단 말이야."

민아는 거울을 가리키며 다시 울음을 터뜨릴 듯한 목소리로 말했습니다.

"민아야, 민아가 아빠 딸이 분명하다면 혹시 콩을 좋아하게 되지 않을까?"

아빠가 민아의 귀에 대고 속삭였습니다. 민아는 가만히 생각해 보았습니다. 그러고 보니 콩을 먹어 본 기

억이 별로 없었습니다. 콩 맛이 어떤지 잘 모르면서 싫어했던 것 같았습니다.

"아빠가 콩자반을 한 개 줄 테니 먹어 볼래?"

민아는 고개를 끄덕였습니다. 아빠는 접시에 올망졸망 담겨 있는 콩들 중에 한 개를 젓가락으로 집어 민아의 입에 넣어 주었습니다. 민아는 조심스레 콩을 씹어 보았습니다. 혀끝에서부터 전해 오는 고소한 맛, 씹으면 씹을수록 느껴지는 달콤한 맛이 입안에 퍼졌습니다.

"음, 맛있다!"

민아는 눈을 동그랗게 뜨며 탄성을 질렀습니다.

"그래? 그럼 밥을 떠 봐. 아빠가 콩을 올려 줄게."

민아는 아빠가 올려 주는 콩자반과 함께 밥을 먹기 시작했습니다.

"엄마, 콩자반 더 주세요."

"이제 그만 먹어. 내일도 먹어야지. 벌써 세 접시째야."

"아빠가 콩을 한꺼번에 열 개씩 먹어서 그런 거예요.

나는 별로 못 먹었는데."

콩자반도 먹고, 순두부찌개도 먹고, 그러다 보니 어느새 밥 한 공기가 다 없어졌습니다.

"엄마, 그것 봐요. 내가 콩을 이렇게 좋아하는 걸 보면 아빠 엄마 딸이 맞잖아요."

민아가 자신 있는 목소리로 엄마에게 말했습니다.

"그래, 우리 딸 맞나 보다."

엄마가 호호 웃으며 대답했습니다. 민아는 그제야 마음이 놓였습니다.

1. 우리 몸에서 수학 찾기

우리 몸은 어떤 도형들로 이루어졌을까요?

거울을 보면서 우리 얼굴에는 어떤 도형들이 숨어 있는지 찾아볼까요.

눈은 어떻게 생겼나요, 무슨 도형과 닮았지요?

코는 어떤 도형과 닮았나요?

입은 어떤 도형과 닮았나요?

 닮은 도형을 찾아냈으면, 여러 가지 도형을 이용해서 자기 얼굴을 그려 보세요.

 우리의 몸은 어떤 도형과 닮았나요?

 여러 가지 도형을 이용해서 우리 몸 전체를 그려 보세요.

저기 바둑이가 달려가고 있네요.

 바둑이는 어떤 도형과 닮았나요?
여러 가지 모양을 이용해서 바둑이를 그려 보세요.

2. 도형으로 이루어진 세상

수수께끼를 내 볼까요?

어느 날 원을 만난 달이 말했어요.
"너는 누구인데 나를 닮았니? 왜 내 모양을 따라 했어."
원이 대답했어요.
"무슨 소리야. 나는 원래 이렇게 생겼어. 네가 나를 따라 한 것이겠지."

누구 말이 맞을까요?
아빠, 엄마를 닮은 내가
"아빠 눈은 왜 나를 따라 했어요? 엄마 코는 왜 나를 따라 했어요?"
이렇게 말하면 우습겠지요?

우리가 배우는 기본적인 도형들은 세상에 원래 있던 것들이에요. 둥그런 달, 세모진 산. 사람들은 자연의 모습을 보고 도형을 그렸고, 그것을 연구했어요. 우리가 사는 자연이 도형의 원조라고 할 수 있지요.

삼각형, 사각형, 원, 오각형, 육각형. 각각의 도형들과 비슷한 것을 자연 속에서 찾아 보세요. 산과 바다, 하늘, 우주를 상상하면서 자연이 어떤 도형으로 이루어져 있는지 그려 보세요.

도형을 연구하면서 사람들은 도형을 생활에 이용했어요. 우리 주변에 있는 모든 생활 도구들은 도형으로 이루어져 있어요.

아래 퀴즈의 답을 생각해 보세요.

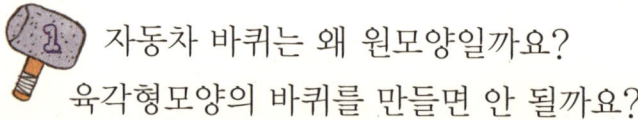
자동차 바퀴는 왜 원모양일까요?
육각형모양의 바퀴를 만들면 안 될까요?

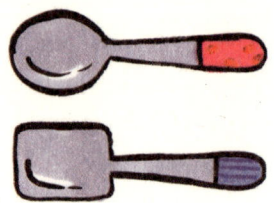
숟가락은 왜 동그란 모양일까요?
숟가락이 네모라면 어떤 일이 벌어질까요?
숟가락을 만들기에 더 좋은 모양은 없을까요?

3 식탁은 왜 네모일까요?
원모양의 식탁은 왜 원모양으로 만들었을까요?
세모모양의 식탁은 왜 보기 힘든 걸까요?

4 화장실 변기는 왜 둥그렇게 만들었을까요?
네모 변기나 세모 변기는 안 될까요?

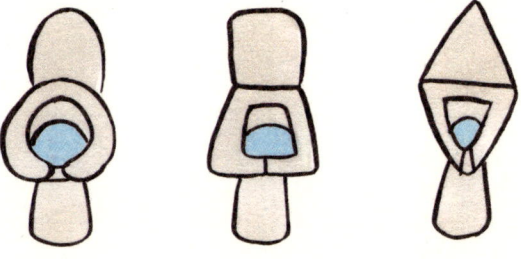

퀴즈의 정답은 없어요. 친구들과 함께 이야기를 나누면서 누가 더 재미있는 설명을 하는지 들어 보세요.

도형과 모양은 각각의 특징이 있어요. 사람들은 그 특징을 이용해서 수많은 발명품을 만들어 냈답니다.

 먼 옛날 원시인들은 어땠을까요? 다시 묻지마네 집으로 가 볼까요.

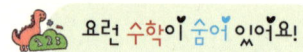

여러 가지 모양
도형

"자, 하늘이 하얘졌다. 모두들 일어나!"

오늘도 묻지마네 가족의 하루가 시작되었습니다. 오늘따라 아빠 원시인의 목소리가 더 우렁찼습니다.

"오늘은 일찍 서둘러야 해. 매일같이 우리의 밭을 망쳐 놓는 공룡멧돼지를 사냥하러 갈 거야."

"공룡멧돼지!"

아빠 원시인의 말에 온 가족이 화들짝 놀랐습니다.

묻지마는 먼발치에서만 보았던 거대한 공룡멧돼지를 떠올리며 몸서리를 쳤습니다.

"아빠, 그 멧돼지를 어떻게 잡아요? 공룡처럼 크다고 해서 이름도 공룡멧돼지인데."

큰형 원시인이 떨리는 목소리로 물었습니다.

"이봐, 큰아들. 그렇게 겁이 많아서 어떻게 아빠 뒤를 이어서 가족의 대장이 되겠니?"

아빠 원시인은 단호하게 말하며 온 가족을 이끌고 동굴을 나갔습니다.

"지금부터 사냥 도구를 만들 거야. 강력한 무기를 들고 우리 모두가 함께 달려들면 공룡멧돼지도 쓰러지고 말 거야."

아빠 원시인은 커다란 돌덩이를 번쩍 들어 보여 주었습니다.

"나는 이 돌을 매머드의 뼈에 묶어서 거대한 돌도끼를 만들 거야. 각자 싸울 무기를 만들어서 다시 동굴 앞으로 모이도록."

묻지마는 큰형 원시인의 뒤를 따랐습니다.

"형, 형은 어떤 무기를 만들 거야?"
"응, 나도 아빠처럼 돌도끼를 만들 거야. 나는 아빠보다 작으니까 좀 작은 돌로 만들면 되겠지."
"그런데 아빠가 가져온 돌은 크기만 했지 너무 둥글둥글하던걸?"
묻지마가 고개를 갸우뚱하며 말했습니다.
"그게 뭐가 어때서?"
큰형 원시인이 의아하다는 듯이 말했습니다.
"둥글둥글하면 때려도 아프지 않을 것 같아."
"뭐라고? 둥글둥글한 게 아프지 않다니. 너 아빠의 꿀밤을 매일 맞으면서도 그런 말이 나오냐. 아빠의 크고 둥글둥글한 주먹을 봐. 그 주먹에 한 대 맞으면 바위만 한 혹이 생기잖아."
"우리 머리가 아빠의 주먹보다

약해서 그런 게 아닐까? 공룡멧돼지의 머리는 돌보다 단단할지도 모르잖아."

묻지마의 말을 듣고 큰형 원시인은 잠시 머뭇거렸습니다.

"걱정 마. 있는 힘껏 내려치면 제아무리 공룡멧돼지라도 아파서 주저앉을 거야. 참견 말고 어서 네가 가져갈 무기나 만들어."

큰형은 아빠의 돌보다 조금 작은 돌을 주워서 매머드의 뼈에 묶기 시작했습니다.

"후유, 나는 덩치도 작고 힘도 약한데 어떤 무기를 만들지?"

묻지마는 평소에 뛰어놀다가 다쳤던 일을 생각해 보았습니다.

'누나랑 달리기를 하다가 왜 미끄러졌었지?'
'아빠가 사냥을 갔다가 발을 다친 이유가 뭐였더라……'

묻지마는 여기저기를 돌아다니며 무기가 될 만한 것을 찾았습니다.

한참 후, 묻지마네 가족은 다시 동굴 앞에 모였습니다. 각자 자기가 만들어 온 무기를 들고 있었습니다.
"큰아들, 너는 무슨 무기를 만들었느냐?"
"저는 아빠처럼 매머드 뼈에 돌을 묶었어요. 아빠보다는 작지만 이것으로도 공룡멧돼지에게 혹을 만들어 줄 수 있을 거예요."
"으하하, 너는 역시 내 아들이야."
아빠 원시인은 흐뭇한 표정으로 웃었습니다.
"우리 셋째 딸은 무엇을 만들었느냐?"
"저는 넓적한 나무방망이를 주워 왔어요. 이걸로 공룡멧돼지의 엉덩이를 때려 줄 거예요."
"그래, 아빠에게 맞고 도망가는 녀석의 엉덩이에 불이 나도록 혼을 내 주렴."
가족들의 무기를 둘러보던 아빠는 묻지마가 가져온 물건들을 보고 고개를 갸우뚱했습니다.
"막내야, 너는 이것들을 뭐에 쓰려고 주워 온 거니? 이건 자잘한 잡동사니 아니냐."
"아니에요. 이 나뭇가지들은 제가 뛰어가다가 밟고

미끄러진 적이 있고요, 이 돌 조각들은 지난번에 아빠의 발에 박혀 있던 것과 비슷한 모양이에요."

묻지마의 말을 들은 아빠 원시인은 큰 소리로 웃었습니다.

"우하하! 막내야, 공룡멧돼지의 덩치가 얼마나 큰 줄 모르니? 이런 쓸모없는 것들을 가지고 어떻게 사냥을 한단 말이냐. 너는 나무 위에 올라가서 우리가 사냥하는 것을 보고 배우거라."

묻지마네 가족은 공룡멧돼지가 사는 언덕으로 올라갔습니다. 공룡멧돼지는 나무 열매를 실컷 뜯어 먹은 뒤 잠을 자고 있었습니다.

"쉿! 조용, 조용. 지금이 기회다. 내가 다가가서 저 놈의 이마를 때려 줄게. 그럼 저 녀석이 깜짝 놀라 당황할 거야. 그때 큰아들부터 차례로 한 사람씩 뛰어가서 자기 무기로 공격을 해라. 아파서 겁을 먹었을 때 우리가 한꺼번에 달려들어서 마구 때리면 다시는 우리 밭에 얼씬하지 못 할 거야."

"알겠어요."

가족들은 모두 비장한 표정으로 주먹을 불끈 쥐었습니다. 아빠 원시인은 살금살금 공룡멧돼지에게 다가갔습니다. 묻지마는 가까운 나무 위에 올라가서 아빠를 지켜보았습니다. 가까이서 보니 공룡멧돼지는 아빠 원시인보다 세 배는 컸습니다.

　살금살금, 살금살금.
　조용조용, 조용조용.
　"으라차차, 이얍!"
　공룡멧돼지 바로 앞에 다다른 아빠 원시인은 돌도끼를 높이 들어 공룡멧돼지의 이마를 내리쳤습니다.

쿵!

자다가 갑자기 머리를 맞은 공룡멧돼지는 꿈쩍도 하지 않았습니다.

"어라? 어떻게 된 거지. 힘센 나에게 한 대 맞고 기절한 건가."

아빠 원시인은 공룡멧돼지의 얼굴을 살폈습니다.

"좋아, 한 번 더. 으라차차차!"

아빠 원시인이 다시 한 번 돌도끼를 번쩍 들어 올렸을 때였습니다. 갑자기 공룡멧돼지가 눈을 번쩍 떴습니다.

"헉!"

아빠 원시인은 공룡멧돼지와 눈이 마주치자 더럭 겁이 났습니다. 공룡멧돼지의 이마에는 커다란 혹은 커녕 밤톨만 한 혹도 나오지 않았습니다.

"크아아앙!"

공룡멧돼지는 괴물 같은 소리를 내며 벌떡 일어났습니다. 아빠 원시인은 주춤주춤 뒷걸음질을 쳤습니다. 그 순간 공룡멧돼지가 아빠 원시인에게 달려들었습니다.

"애들아, 빨리 도망쳐!"

아빠 원시인은 걸음아 날 살려라 도망을 치기 시작했습니다. 묻지마네 가족들도 혼비백산하여 달리기 시작했습니다.

"아빠, 이쪽으로 오면 어떡해요."

큰형 원시인이 소리치며 달아났습니다.

"누가 저 괴물 좀 막아 봐! 이러다 우리 다 죽겠어."

아빠 원시인이 언덕 위를 이리저리 뛰어다니며 소리쳤지만 가족들은 뿔뿔이 흩어져 달아나느라 정신이 없었습니다. 공룡멧돼지는 훅훅, 콧바람을 뿜으며 아빠

원시인의 꽁무니를 쫓았습니다. 공룡멧돼지의 뾰족한 송곳니가 아빠 원시인의 엉덩이에 닿을락 말락 했습니다. 나무 위에서 지켜 보고 있던 묻지마는 안절부절 어쩔 줄 몰랐습니다.

'어떡하지? 이대로 있다가는 우리 가족이 모두 다치겠어. 침착하게 생각을 해 보자.'

묻지마는 두 손을 모으고 정신을 집중했습니다. 나무 아래에 두고 온 나뭇가지와 돌 조각이 생각났습니다. 묻지마의 눈이 반짝 빛났습니다.

"아빠, 아빠!"

묻지마가 아빠 원시인을 큰 소리로 불렀습니다.

"묻지마야, 지금, 내가, 대답할, 겨를이, 있을 것 같니?"

아빠 원시인은 이리저리 도망다니느라 말도 제대로 하지 못했습니다.

"아빠, 내가 신호를 하면 이 나무 밑으로 공룡멧돼지를 유인하세요. 알겠지요?"

아빠 원시인이 가까이 왔을 때, 묻지마는 손나팔을 만들어 크게 소리쳤습니다. 아빠 원시인은 고개를 끄덕끄덕 하며 슝 하고 지나갔습니다. 그 뒤를 공룡멧돼지가 쿵쾅쿵쾅 따라갔습니다.

묻지마는 재빨리 나무 아래로 내려가 준비해 온 나뭇가지들을 여기저기에 흩뜨려 놓았습니다. 그리고 조금 떨어진 곳에는 돌 조각들을 촘촘하게 깔았습니다. 다시 재빨리 나무 위로 올라간 묻지마는 있는 힘껏 외쳤습니다.

"아빠, 이쪽으로 달리세요. 이쪽."

아빠 원시인이 마지막 힘을 다해 나무가 있는 쪽으로 달려왔습니다.

드르륵, 슝!

아빠 원시인은 묻지마가 흩뜨려 놓은 나뭇가지를 밟고는 미끄러져 날아갔습니다.

드르륵, 드르륵, 우당탕탕!

뒤따라오던 공룡멧돼지도 나뭇가지를 밟고 미끄러졌습니다.

아빠 원시인은 다이빙하듯 날아가 언덕 아래로 데굴데굴 굴렀습니다.

공룡멧돼지는 묻지마가 깔아 놓은 돌 조각들 위로 철퍼덕 떨어졌습니다.

"크아앙, 크앙!"

공룡멧돼지는 비명을 지르며 벌떡 일어났습니다. 엉덩이에는 뾰족한 돌 조각들이 박혀 있었습니다. 놀란 공룡멧돼지가 도망을 치기 시작했습니다.

그때를 놓치지 않고 셋째 누나 원시인이 공룡멧돼지의 엉덩이를 나무방망이로 후려쳤습니다. 뾰족한 돌이 박힌 엉덩이를 또 한 번 얻어맞은 공룡멧돼지는 비명을 지르며 멀리멀리 도망가 버렸습니다.

1. 아빠 원시인의 돌도끼보다 센 묻지마의 나뭇가지

✏️ 아빠 원시인의 돌도끼는 어떤 모양이었을까요? 상상해서 그려 보세요.

✏️ 아빠 원시인의 커다란 돌도끼에도 끄떡없던 공룡멧돼지가 왜 나뭇가지를 밟고 넘어졌을까요? 나뭇가지의 모양을 그리고 설명해 보세요.

 묻지마가 주워 온 돌 조각은 어떻게 생겼을까요?
그려 보세요.

 내가 원시 시대에 살고 있는 묻지마였다면 어떤 것들을 사냥 도구로 가지고 갔을까요? 내가 준비할 사냥 도구를 생각해 보고, 왜 그런 물건을 준비했는지 설명해 보세요.

2. 우리가 쓰는 물건들

묻지마의 나뭇가지와 비슷한 특징을 가진 물건을 찾아 보세요. 그 특징을 어떻게 이용할 수 있을까요?

뾰족한 물건은 왜 위험할까요? 이유를 설명해 보세요.

우리 생활을 편리하게 해 주는 뾰족한 물건과, 우리에게 위험한 뾰족한 물건을 찾아보세요.

아빠 원시인의 돌도끼처럼 두 개의 모양이 합해져 만들어진 물건들은 무엇이 있을까요?

우리 주변에서 두 가지 모양으로 된 물건을 찾아보세요. 세 가지 모양이 합해진 물건도 찾아보세요.

내가 공룡 사냥을 간다면 어떤 무기를 만들까요.

 주변에 있는 여러 가지 물건을 이용해서 공룡 사냥 무기를 만드는 설명서를 그려 보세요.

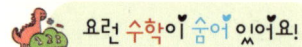

비교하기
길이, 넓이
부피, 크기

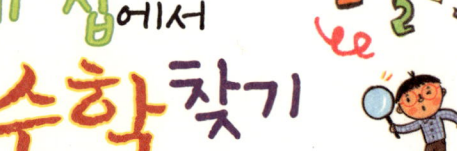

콩쥐네 집에서 수학 찾기

 옛날에 콩쥐라는 소녀가 살고 있었습니다. 콩쥐는 똑똑하고 효심이 깊어 아빠와 엄마의 사랑을 받으며 자랐습니다. 콩쥐는 책 읽기와 수학 공부를 특히 좋아하여, 마을 사람들은 어려운 문제가 생기면 콩쥐를 찾아오곤 했습니다.

 그런데 콩쥐의 엄마가 병을 얻어 그만 하늘나라로 가고 말았습니다. 콩쥐는 슬픔에 잠겨 문밖으로 나가지 않았고, 하루 종일 책을 읽고 수학 공부를 하며 시간을 보냈습니다.

그런 콩쥐를 보다 못한 아빠는 콩쥐 또래의 딸을 가진 배 씨 아줌마와 결혼을 하였습니다. 딸의 이름은 팥쥐였습니다.

"콩쥐야, 팥쥐는 너와 나이도 비슷하고, 새어머니는 아주 인자한 분이다. 팥쥐를 친동생처럼 여기고, 새어머니를 친어머니로 여기며 예전처럼 행복하게 살자꾸나."

아빠는 콩쥐에게 새 식구들을 소개하였습니다. 콩쥐는 동생과 엄마가 생겨 무척 기뻤습니다.

그런데 새엄마 배 씨는 실은 아주 나쁜 사람이었습니다. 남편을 여의고 힘들게 살던 배 씨는 콩쥐 아빠가 재산이 많다는 것을 알고 부귀영화를 누리기 위해 콩쥐 아빠 앞에서 착한 사람인 척하였던 것입니다. 콩쥐 아빠가 보는 앞에서는 콩쥐에게 친엄마처럼 친절하게 대해 주었지만, 아빠가 없을 때면 온갖 구박을 하였습니다.

팥쥐도 마찬가지였습니다. 콩쥐는 친동생처럼 친하게 지내고 싶어 했지만, 팥쥐는 콩쥐에게 심한 말을 하며 괴롭혔습니다.

"콩쥐 너만 없으면 너희 아빠의 재산은 다 내 것이 될 텐데, 난 네가 정말 싫어."

콩쥐는 새엄마와 팥쥐의 괴롭힘에 나날이 야위어 갔습니다. 새 식구를 얻은 기쁨은 슬픔으로 변했습니다.

그러던 어느 날, 새엄마가 콩쥐와 팥쥐를 불렀습니다.

"너희들도 이제 놀고먹을 나이는 아니니, 오늘부터 일을 하도록 해라. 이 호미로 콩쥐는 뒷산의 밭을 갈고, 팥쥐는 뒷마당 앞에 있는 밭을 갈아라."

새엄마는 콩쥐에게는 나무로 만든 호미를 주고, 팥쥐에게는 쇠로 만든 호미를 주었습니다.

"올해가 흉년이라 곡식이 부족하니, 일을 열심히 하지 않는 사람은 밥 먹을 자격이 없다. 둘 중에 더 빨리 일을 끝내고 오는 사람에게만 점심밥을 줄 테니 그리 알거라."

새엄마는 곁눈으로 콩쥐를 흘겨보며 말했습니다.

팥쥐는 쇠 호미를 들고 뒷마당 앞에 있는 밭으로 갔습니다. 그곳은 모래로 된 흙이라 힘들이지 않고 밭을 갈 수 있었습니다. 팥쥐는 흥얼흥얼 노래를 부르며 느릿느릿 일을 하기 시작했습니다.

콩쥐가 올라간 뒷산은 온통 자갈과 굳은 흙이었습니다. 나무 호미로 땅을 몇 번 헤집자 호미가 뚝 부러지고 말았습니다. 콩쥐는 후유 한숨을 쉬며 나무 그늘에 주저앉아 생각에 잠겼습니다.

그때 어디선가 검은 소 한 마리가 콩쥐에게 다가왔습니다.

"내가 도와주마."

소가 말을 하는 것을 보고 콩쥐는 깜짝 놀랐습니다.

"소님은 뉘신지요?"

"내가 이미 너의 사정을 다 알고 있다. 못된 새엄마 때문에 고생하는 것을 불쌍히 여겨 도와주러 왔으니 이것으로 함께 밭을 갈자꾸나."

검은 소는 반짝반짝 빛이 나는 호미를 두 자루 내어놓으며 말했습니다. 콩쥐는 검은 소가 내어놓은 호미를 가만히 들여다보았습니다.

"그렇게 서 있지 말고 어서 일을 하자꾸나. 나는 이쪽에서부터 밭을 갈 테니, 너는 저쪽에서 하거라."

검은 소는 호미 한 개를 들고 쭈그리고 앉아 밭을 갈기 시작했습니다. 그때 콩쥐가 검은 소에게 말했습니다.

"도와주시는 것은 감사합니다만, 이왕에 도와주시려면 제 말을 들어 주세요."

"오냐, 말해 보거라."

콩쥐가 당돌하게 말하자 검은 소는 인자하게 미소를 지으며 대답했습니다.

"우리가 갈아야 할 밭은 이리 넓은데, 이렇게 손바닥만 한 호미로 언제 끝마치나요?"

검은 소는 흠칫 놀랐습니다. 콩쥐는 아랑곳하지 않고 말을 이었습니다.

"잘 보세요. 이 호미의 폭은 제 손으로 두 뼘입니다. 그런데 밭의 가로 길이는 백 뼘이나 되네요."

콩쥐는 밭의 길이를 손으로 재어 보았습니다. 검은 소의 얼굴이 점점 빨개졌습니다.

"그럼 어떻게 하면 되겠니?"

검은 소는 콩쥐를 힐끗 보며 물었습니다.

"혹시 호미를 더 많이 구할 수 없나요? 오십 개 정도요."

"그건 가능하단다. 사실 나는 이 산을 지키는 산신령인데, 세상을 둘러보러 소의 모습을 하고……."

"네, 소님이 누구이건 괜찮아요. 호미를 빨리 만들어 주세요. 팥쥐보다 빨리 끝내야 밥을 먹을 수 있거든요."

검은 소가 자기소개를 끝마치기도 전에 콩쥐가 재촉했습니다. 검은 소는 무안하여 머리를 긁적이며 얼른 호미 오십 개를 만들어 냈습니다. 콩쥐는 나뭇가지를 주워 와서는 밭의 가로 길이를 다시 재었습니다. 그리고 적당히 굵은 나무에 밭의 길이만큼 표시를 하였습니다.

"이제 제가 표시한 만큼 이 나무를 잘라 주세요."

검은 소는 재빨리 콩쥐가 시키는 대로 해 주었습니다.
"이제 오십 개의 호미를 나무에 단단히 붙여 주세요."
검은 소는 잘라 온 나무에 호미 오십 개를 나란히 붙였습니다.
"자, 보세요. 이렇게 하니 밭의 가로 길이와 호미가 붙은 나무 길이가 비슷하죠. 이제 여기에 줄을 매어서 밭 위로 몇 번만 끌고 다니면 금방 끝날 거예요."
"와, 너는 듣던 대로 정말 똑똑하구나."
콩쥐의 말대로 하자 한 시간도 되지 않아 밭 갈기가 끝났습니다.
"고맙습니다. 저는 이제 점심을 먹으러 갈게요."
콩쥐는 인사를 마치고 집으로 달려갔습니다.
"콩쥐 너, 일은 안 하고 집에는 왜 왔느냐."
새엄마가 눈을 부릅뜨며 말했습니다.
"일을 다 마쳤으니, 가서 확인해 보십시오."
새엄마는 뒷산에 올라가 보고는 깜짝 놀랐습니다.
"제가 일을 빨리 끝냈으니 점심은 저만 먹어야겠군

요. 그렇지만 팥쥐는 제 동생이니 제가 밥을 조금 나눠 주도록 하겠습니다."

콩쥐는 미소를 지으며 말했습니다. 새엄마는 분해서 어쩔 줄을 몰랐습니다.

며칠 후, 새엄마는 콩쥐를 골탕먹이기 위해 다른 꾀를 내었습니다.

"얘들아, 내가 나갔다 올 동안 이 항아리에 물을 가득 채워 놓거라. 이번에도 일을 끝마친 사람만 밥을 줄 것이다."

새엄마는 구멍이 뚫린 큰 항아리를 콩쥐에게 주고, 작고 튼튼한 항아리를 팥쥐에게 주었습니다.

콩쥐는 바가지로 물을 떠다가 항아리에 부었습니다. 그런데 물이 줄줄 새어 나가는 것이었습니다. 콩쥐는 생각에 잠겼습니다.

그때였습니다. 어디선가 두꺼비 한 마리가 다가와 콩쥐에게 말을 건넸습니다.

"내가 도와주마. 콩쥐야, 두꺼비가 말을 한다고 놀라지는 말거라."

"두꺼비님도 산신령인가요?"

콩쥐는 기뻐하며 물었습니다. 콩쥐의 물음에 오히려 두꺼비가 흠칫 놀랐습니다.

"아니다. 나는 호수를 지키는 호수신령이다. 밑 빠진 독에 물을 채우기는 불가능하니, 내가 항아리 안에 들어가 내 등으로 구멍을 막아 주마. 나를 항아리 안에 넣어 다오."

두꺼비가 콩쥐에게 다가갔습니다.

"잠시만요."

콩쥐는 항아리 안을 들여다보고, 두꺼비를 한 번 쳐

다보기를 반복할 뿐 두꺼비를 항아리에 넣어 주지 않았습니다.

"뭐 하느냐? 새엄마가 오기 전에 일을 끝내야 하지 않느냐."

"두꺼비님, 이 구멍을 무엇으로 막을 생각이신가요?"

"내가 들어가서 등으로 막지."

"두꺼비님의 등은 울퉁불퉁해서 틈이 생길 거예요."

"그럼 발로 막으마."

"항아리 안의 구멍은 두꺼비님의 발보다 커요. 두꺼비님이 들어가 보았자 구멍을 막지 못할 거예요."
콩쥐는 분명하게 말했습니다.

"어허, 그게 무슨 말이냐, 어떻게 눈으로 대충 보고 그걸 안단 말이냐?"

"아주 작은 차이는 눈으로 알지 못하지만, 어느 것이 더 넓은지, 어느 것이 더 큰지 그 정도는 눈짐작으로도 알 수 있지요."

"네 말이 옳은지 어디 한번 들어가 보자."

두꺼비는 부득부득 우겨서 항아리 안으로 들어갔습니다. 그런데 정말 항아리 속의 구멍이 훨씬 컸습니다. 두꺼비는 머쓱하여 밖으로 나왔습니다.

"허허, 실은 발이 아주 큰 우리 형님이 도와주러 오기로 되어 있었는데, 형님이 감기가 들어서 내가 왔더니……."

두꺼비는 우물쭈물 변명을 하였습니다.

"괜찮아요. 제게 생각이 있어요. 두꺼비님은 얼른 뒷산에 가서 여러 가지 굵기의 나뭇가지를 꺾어다 주세요."

두꺼비는 당황하며 콩쥐가 시키는 대로 했습니다. 콩쥐는 두꺼비가 꺾어다 준 나뭇가지들을 톱으로 잘랐습니다. 그리고 자른 면을 항아리의 구멍에 대어 보며 넓이를 비교하였습니다.

"아, 적당한 나무를 찾았다."

콩쥐는 구멍에 딱 맞는 나무를 골라 구멍을 막았습니다. 두꺼비는 콩쥐 옆에 돌부처처럼 서 있을 수밖에 없었습니다.

"저, 콩쥐야. 그럼 내가 도울 일은 또 없겠니?"
"항아리를 다 고쳤으니 물을 채우는 것을 도와주세요."

이렇게 해서 콩쥐는 항아리에 물을 가득 채워 놓았습니다.

얼마 후, 집에 돌아온 새엄마는 항아리를 보고 깜짝 놀랐습니다.

"코, 콩쥐야. 어떻게 여기에 물을 채웠느냐?"
"어머니께서 주신 항아리가 구멍이 뚫려 있어서 제가 고쳐 보았습니다. 이제 물을 채워도 새지 않아요."

콩쥐는 미소를 지으며 대답했습니다. 새엄마는 너무나 분했지만, 콩쥐의 지혜에 감탄하였습니다. 새엄마는 마음을 가라앉히고 말했습니다.

"콩쥐야, 네가 이토록 지혜로운 아이인 줄 모르고 그동안 내가 너에게 몹쓸 짓만 하였다. 앞으로는 나와 팥쥐가 너를 친자식, 친언니처럼 할 것이니 너도 나를 친엄마로 여기고, 우리 팥쥐도 친동생처럼 대해주면 좋겠구나. 팥쥐 공부도 좀 도와주고."

"네, 알겠어요. 팥쥐가 공부를 못 하여 걱정하시는 것을 들었습니다. 제가 팥쥐에게 공부를 가르칠 테니 걱정 마세요."

"오냐."

새엄마와 팥쥐와 콩쥐는 서로 껴안고 눈물을 흘렸습니다. 그날 이후 새엄마와 팥쥐는 콩쥐를 더없이 아껴주었고, 콩쥐네 네 식구는 오래도록 행복하게 살았답니다.

1. 콩쥐 따라잡기

검은 소가 만들어 준 호미는 밭을 갈기에 너무 작았어요. 콩쥐는 어떤 방법으로 호미와 밭의 폭을 비교했나요?

콩쥐는 작은 호미를 여러 개 붙여서 밭의 폭과 비슷한 도구를 만들었어요. 콩쥐가 만든 도구는 어떤 모양이었을까요? 그려 보세요.

 어떻게 비교할까요?

 콩쥐는 두꺼비의 발과 항아리의 구멍을 비교할 때 어떤 방법을 썼나요?

 콩쥐가 여러 개의 나뭇가지 중 구멍에 딱 맞는 나뭇가지를 찾아내기 위해서 어떤 방법을 썼나요?

 내가 콩쥐라면 어떻게 비교했을지 상상해 보세요. 콩쥐의 방법보다 더 좋은 방법을 생각해 보세요.

2. 내 눈은 정확해?!?!

우리 주변의 여러 가지 것들을 비교해 보세요.

 안방과 거실을 비교해 보세요.
눈으로 보았을 때 어느 곳이 더 넓은가요?

 안방의 가로 세로를 손으로 재어 보세요.
거실의 가로 세로를 손으로 재어 보세요.

눈으로 보고 생각한 답이 맞았나요?

 식탁과 아빠의 책상(또는 엄마의 화장대)을 비교해
보세요. 눈으로 보았을 때 어느 것이 더 높은가요?

 연필을 이용해서 식탁의 높이를 재어 보세요.
또, 책상(또는 화장대)의 높이를 재어 보세요.

눈으로 보고 생각한 답이 맞았나요?

대야와 물주전자를 비교해 보세요. 눈으로 보았을 때 어느 것에 더 많은 물이 들어 갈 것 같나요?

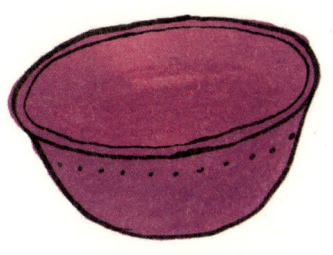 

 물주전자에 물을 가득 채워서 대야에 부어 보세요. 어떻게 되었나요?

 재미있는 착시 현상

 아래의 두 직선 중 어느 것이 더 길까요?

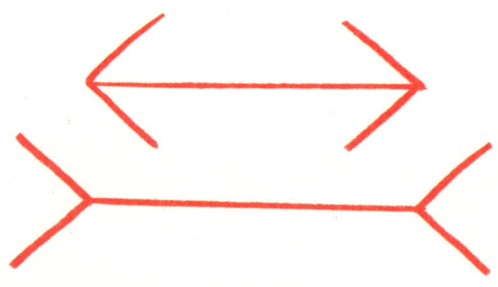

두 직선의 길이를 자로 재어 보세요.
생각한 답이 맞았나요?

 아래 기둥을 눈으로 비교해 보세요.

자로 기둥의 높이를 재어 보세요.
눈으로 비교한 것과 같은가요?

우리 눈은 착각을 하기도 해요.
그래서 비교 도구들이 필요하답니다.

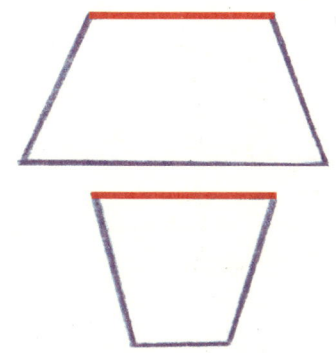

왼쪽 그림에서 위 아래의
빨간 선분은 길이가 같아요.

두 연필의 크기가 같아요.

 길이를 비교하는 도구에는 어떤 것이 있을까요?

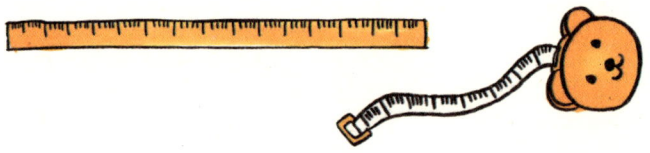

 부피를 비교하는 도구에는 어떤 것이 있을까요?

 무게를 비교하는 도구에는 어떤 것이 있을까요?

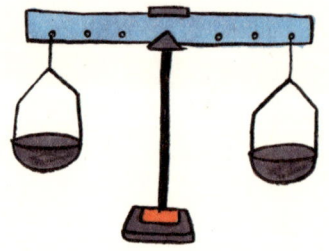 

아빠, 엄마와 함께 우리 집에 있는 비교 도구들을 구경해 보세요.

나만의 비교 도구를 만들어 보세요.
길이를 비교하려면 어떤 도구를 만들어야 할까요?
부피를 비교하려면 어떤 도구를 만들어야 할까요?
무게를 비교하려면 어떤 도구를 만들어야 할까요?

생각한 도구를 그려 보세요.

찾았다, 수학!